AF194535

Andrea Nieswand

Festhalten

Andrea Nieswand, in Bielefeld geboren, lebt in Berlin,
im schönen Zehlendorf.

Inspiriert durch die guten Zeiten, die traurigen
Momente oder die lieben Lieben, sprudeln die Worte
gern im Überfluss.

Nach dem ersten veröffentlichen Gedichtband
„Loslassen",

erschienen im Juni 2023 bei BoD-books on Demand,

hier nun der Folgeband

über das Festhalten.

Andrea Nieswand

Festhalten

noch mehr Gedichte

Bibliografische Information der Deutschen Nationalbibliothek:

Die Deutsche Nationalbibliothek verzeichnet diese Publikation in der Deutschen Nationalbibliografie; detaillierte bibliografische Daten sind im Internet über http://dnb.dnb.de abrufbar.

© 2023 Andrea Nieswand

Korrektorat: Andrea Nieswand
Endkontrolle: Gerd Nieswand

Coverlayout: BoD

Autorenfoto von Fotostudio Urbschat Kleinmachnow,

mit herzlichem Dank.

Images: freepik.com

Herstellung und Verlag: BoD - Books on Demand, Norderstedt.

ISBN: 978-3-7583-1158-1

Für Kim-Laura und Leni

Manchmal möchte man

einfach nur den Moment

Festhalten

...bei schönem Wetter reiste ich ein Stück

per Bleistift auf der bunten Landkarte

...an stillen Regentagen aber

warte ich manchmal

auf das sogenannte Glück..

Mascha Kaleko   aus „Interview mit mir selbst"

Abendruhe

Lauer Sommerabend
Stille
in mir
Schweigen
um uns
Ruhe
in der Luft
Entschleunigen

Tag am Meer

Große Erwartungen
auf unbeschwerte Zeiten
hatte ich
in der Tat
leider war nur
das Meer wie immer
wunderschön
und
tief bewegend

Sturm

Lauschen
wenn des Meeres Rauschen
die Erinnerung bringt
fühlen
des Sandes wohlige Wärme
wenn wir verweilen
in der Mittagssonne
mit salziger Haut
und Fernwehgedanken
ruhen
wenn die Brise
uns zart erinnert
das der Sturm
uns nicht
verschonen wird

Januarkind

Wenn du meine Hand hältst
und munter plappernd
neben mir
daherläufst
lachend
hüpfend
munter singend
Weltentdeckerin
du wärmst
meine Seele
so einfach
so tief

Junimohn

Knallroter Mohn
wunderschön anzusehen
leichte Bewegung im Wind
zartes Blätterrascheln
ich neige
dich zu berühren
dich mit mir zu nehmen
für kurze Zeit
deine Schönheit betrachten
ganz nah
wünschte ich
aber
du würdest deine Blätter verlieren
bevor du verblühst
das wäre zu schade
so bewundere ich dich
weiter aus der Ferne
in diesem unfassbaren Rot

Leni

Du bist so wunderschön anzuschauen
dein Lachen
so frei heraus
verzaubernd
du kleines Wesen Wunderbar
füllst jeden Raum
mit deiner Lust
am Leben
pures Gefühl
strahlst du für uns
tanzend
durch das Leben
nichts ist mehr wichtig
nichts von Bedeutung
kostbare Momente
für immer
in meinem Herzen
da
halte ich dich fest

Mein Mädchen

Ob du wohl weißt
wie oft mein Herz
den Schlag aussetzte
weil ich dich spürte
in einer Not
mich sorgte
und
dich doch loslassen musste
augenscheinlich
unser unsichtbares Band
mit beiden Händen
fest haltend
hinter meinem Rücken
noch immer

Vogelfrei

Geballte Kraft der Natur
lässt mich
die Augen schließen
atme tief
nur ein
um die Arme auszubreiten
den Moment glaubend
ich könnte fliegen
hätte Flügel
vogelfrei
segelte ich fort
für eine Weile

Zerbrochen

Gedanken werden zu Worten
in meinem Kopf
der Bleistift hält
der Schwere der Bedeutung
nicht stand
zerbricht
wie mein Gefühl

Verloren

Ich bin nicht komplett
bei mir
mit dir
zu wenig ich
nur dich
in mir
ich gehe verloren
ganz langsam
Stück für Stück
denn wir sind nicht
wir
ich werde zu dir

Bruch

Blind vor Begehren
das Wesentliche
verdrängt
Wahrheit kehrt
immer
wieder zurück
kein Vergessen
zu tief der Schmerz
zu groß der Bruch
Vertrauen
verloren
Rückkehr
nur vorübergehend

Leere Worte

Aufgeregt
erzählte ich dir
meine Gedanken
meine Pläne
Herzklopfen
gelegentlich hörtest du hin
selten
mir zu
und dann redeten wir wieder
von dir
wie immer
und ich bin still
in mir

Deine Wahrheit

Ich werde
meine Sinne verschließen
vor dir
aufhören mit dir zu sprechen
wortlos
vor dir
dich nicht mehr riechen
deinen Duft nicht mehr wahrnehmen
mich deinem Gesicht abwenden
vor dir
meine Hände gefrieren lassen
dich nicht mehr fühlen können
nicht mehr spüren
die zarte Rauheit
deiner Haut
nicht mehr dein Herz
unter meinen Fingern
schlagen hören
spürbar sinnlos
nicht mehr schmecken
der Küsse zarte Süße
die Zunge nicht mehr bewegen
erstarrtes Gefühl
die Augen öffnen
um dein Bild nicht mehr zu sehen
blind

für den Blick nach innen
wo mein Herz
den Schmerz verspürt
und droht zu zerbrechen
für deine verkehrte Wahrheit

Zeit

Wo ist das letzte Jahr geblieben
Monate vergangen
später Sommer
kalter Winter
milder Frühling
Monate vergangen
wie im Flug
in grenzenloser Leidenschaft
für eine Zeit
den Gefahren zum Trotz
immer
ist mitunter
nur ein Jahr
wie gut
dass das Leben
dennoch
immer
weitergeht

Gitan

Du kannst nichts dafür
so zu sein
wie du bist
mal gut
mal schlecht
mal nah
und kilometerweit entfernt
mal hier
mal da
ja
überall ein bisschen
aber nie wirklich
ganz
hier
bei mir
ich weiß
ich habe zugehört

Unbemerkt

Ich habe nicht bemerkt
dass du ganz woanders warst
als ich in deinen Armen lag
glücklich
ahnungslos
weggeschlichen
hast du dich
auf unbekannten Wegen
flüchtend
spurlos verschwunden

Beben

Wenn alles nur noch bebt
alles einfach lebt
bist du bei mir

Wolkenzauber

Verzaubert hast Du mich
weggehext
die Zweifel und Bedenken
hab mich fallenlassen
mit dir
ungeachtet der Gefahr
lustvoll
nichts ahnend
aus höchster Höhe
prallte ich auf Stein
du warst keine Wolke

Gedanken

Meine Gedanken schreiben sich
auf ein Blatt Papier
drängen sich
in deinen Kopf
wollen sich einnisten
bei dir
ganz tief
mach auf

Deine Rosen

Verwelkte Rosen
kopfüber
lassen sie sich hängen
einst
so wunderschön anzusehen
doch bleiben sie
immer schön
in Erinnerung
an den Tag
als sie mir blühten

Spüren

Noch fühle ich
deine Hand
auf meinem Körper
noch empfinde ich
zartes Prickeln
in meinem Bauch
du warst da
bei mir
dein Duft noch auf meiner Haut
noch sehe ich
unser Bild
wenn ich die Augen schließe
stilles Nachfühlen
bewegter Momente
wenn ich meine Augen wieder öffne
wünschte ich
deine Nähe noch zu spüren
ich lasse mir Zeit
genieße den Moment

Weitergehen

Ein Stück lang weiter
halte ich mich noch fest
an
unseren Worten
an
unseren Zeiten
an
den vielen guten Momenten
die wir hatten
leise schwinden sie
nicht ganz unbemerkt
wann ich loslasse
entscheidest du

Kreise

Immerzu an dich zu denken
so intensiv
erschöpfend
ausweglos
Kreise drehend
Anfang und Ende
gehen ineinander über
sei doch da
möchte mich ausruhen
gedankenlos
bei dir

Fernbeziehung

Stille Sehsucht
in lauer Sommernacht
noch so warm die Luft
von Ferne leise Musik
Großstadtgeflüster
glitzernde Eiswürfel
Perlen aus Glas
im Kerzenlicht schimmernd
Blick ohne Ziel
träumend
verliert sich die Hand
erinnert
an deine Berührung
kann doch nicht die Wärme
deines Körpers ersetzen
verliere ich mich
in meinen Gedanken
fühle Lust
spüre Sehnsucht
schließe die Augen
lasse den Augenblick zu
immer leiser das Leben
auf meinen Straßen
du fehlst

Vorbei

Himmelblaue Versprechungen
aus deinen Augen
vom Winde fortgetragen
deine Nähe
nicht mehr spürbar
kurzer Rausch
kurzes Glück
kurze Ewigkeit
dunkelblaue Schwere
in meinem Herzen
vorbei

Ohne dich

Es ist einfach falsch
ohne dich
völlig verkehrt
wie es ist
es ist
wie es ist
zu fern

Deine Geister

Seelenloses Gesicht
unnahbarer Blick
deine Geister
haben dich erneut eingeholt
und treffen mich
mitten ins Herz
verschleppen dich
in alte Gewohnheiten
ich bleibe zurück
schaue zu
aus der Dunkelheit

Tattoo

Das Tattoo auf meinem Herzen
ist verblasst
spüre wie es schwindet
mein Herzschlag wieder
durchdringt
der Druck vergeht
es heilt
nur eine
kleine Narbe verbleibend
die deinen Namen trägt
unsichtbar

Suche

Wenn wir uns erkennen
auf den ersten Blick
wird sich alles
verändern
ich
halte meine Augen offen
schaue
nach
dir

Anfang

Offensichtlich
ist ein letztes Wort
manchmal
ein neuer Anfang
vielleicht sogar
immer
sag doch was

Warten

Ich warte auf dich
jeden Tag
zähle die Stunden
bis wir uns
wieder
in die Arme nehmen
die Zeit vergeht langsam
bis
wir uns erneut
im Sturm erobern werden
wenn er dann aufzieht
und die verlorene Zeit
wieder gut macht

Mutlos

Hätte ich gewusst
wohin alles
führt
wäre ich kaum
so mutig
gewesen

Scheinbar

Wenn du so vor mir stehst
mit deinem so ganz
typischen Blick
strahlend und gutaussehend
offen
deine Gefühle
mir zeigend
deine Hände
mich in Momenten
an dich binden
glaube ich manchmal
an immer
und ignoriere
den Schmerz

Hoffentlich

Ich bin hoffnungsvoll
heute
hoffnungslos war
gestern
hoffentlich wird morgen
anders

Wort-verliebt

Wort verliebt
lauschte ich deinen Sätzen
du hattest
so viel Schönes
zu sagen
Worte
voller Poesie
flüsternde Monologe
berauscht
wurden sie zu
Phrasen
ich
wurde wortlos
neben
Dir

Nackt

Ich stand vor dir
Arme weit geöffnet
voller Vertrauen
ließ ich dich ein
in mein Herz
meine Seele
in meine tiefsten Gedanken
nackt
barfuß im Kopf
du hast Chaos
hinterlassen
jetzt nützen die Kleider
auch nichts mehr

Duft

Ein zarter Duft
benebelt mich
süß und blumig
ganz zart
und
doch intensiv
ich atme ihn ein
ungewollt
er haftet an dir
ich werde nicht fragen

Haltlos

Die Tage vergehen
zu schnell
mit dir
ich wollte
sie hielten
bis die Nacht beginnt
und du mich hältst
als gäbe es
kein morgen

Wortlos

Es ist die Stille deiner
unausgesprochenen Worte
die mich quält
sie wären die Antwort
auf meine Fragen

Tiefe

Versinken würde ich gern
erneut
in dir
in mir
in uns
in der Tiefe
unserer Blicke
der Unendlichkeit
deiner Worte
der Berührung
unserer Haut
und einfach wieder
vergessen
was uns trennt

Ahnung

Ungewissheit
liegt in der Luft
Ruhe
die langsam aufbraust
zu einem gewaltigen Sturm
wenn
wir es zulassen
leises Beben
in jedem Wort
ich fühle es
wir nähern uns
dem unbekannten
Ende

Weiterfahrt

Ich habe die Sehnsucht
in meinen Koffer gelegt
zu den gerade noch
hoffnungsvollen Träumen
und Wünschen
der wunderbaren Zukunft
vom Leben
mit dir
Illusion
das Immer
wurde zu einer vorübergehenden Reise
im Wechselbad
der Gefühle
nun hält der Zug nicht mehr
bei dir
mein Koffer
fest verschlossen
versteckt
kein Aussteigen mehr
auf halbem Weg
nur leichtes Gepäck
mit neuen Zielen

Letzter Flieder

der letzte Flieder
zeigt sich im schönsten Violett
tief und satt
streichelt meine Sinne
ruft Erinnerungen zurück
süße Momente
aus vergangenen Tagen
leben auf
für einen Augenblick
schöne Gedanken zurück

Odenwald

Das Rauschen
der Blätter im Wind
holt sie zurück
die Gedanken
die Erinnerungen
die fehlenden Momente
behutsam
schleicht sich
das Ende heran
mit jedem Windzug
fehlt mir
ein wenig mehr
der Atem
erbarmungslos
kommen die Antworten
schließt sich
der Kreis
gewinnt
wie immer
die Wahrheit

Unwissenheit

Geglaubt
hat ja niemand
an uns
aber
es wussten ja auch
alle mehr
als ich
das
konnte ich
nicht
wissen

November

Heute
ist meine Welt
ein wenig
dunkler geworden
solange
die Ahnung
nicht zur Wahrheit wurde
konnte
ich mir bunte Farben malen
nun
sind alle Nuancen ergraut
und schwarz
und
düster
doch
ist die Wahrheit
immer richtig
so sehr es
auch schmerzt

Herz aus Stein

Ganz tief
in mir
weiß ich dich
bei mir
mit tief schwarzer Tinte
eingemeißelt
dein Name
auf meinem
versteinerten Herzen

Herzgeflüster

Schwerelose Gedanken
tragen mich
durch die Nacht
erwarte den Morgen
dich spürend
Haut an Haut
Herzgeflüster
ohne Worte
so nah

Wörtersammlerin

Wenn ich keine Worte
mehr sage
bin ich nur
ein wenig still
ich höre zu
und sammle
die Trümmer auf
die Wörter verursachten
eingestürztes Buchstabengerüst
ich baue dich wieder zusammen
zu neuen Phrasen

Du

Ich trage dich
bei mir
in meinen Gedanken
meinem Herzen
du bist
in meinem Sinn
liebe dich
mit allen Fasern
und
vergesse
die Zeit

Licht

Es ist vorbei
flüstert das Licht
und zeigt mir
im zarten Schein
den Weg
ich gehe

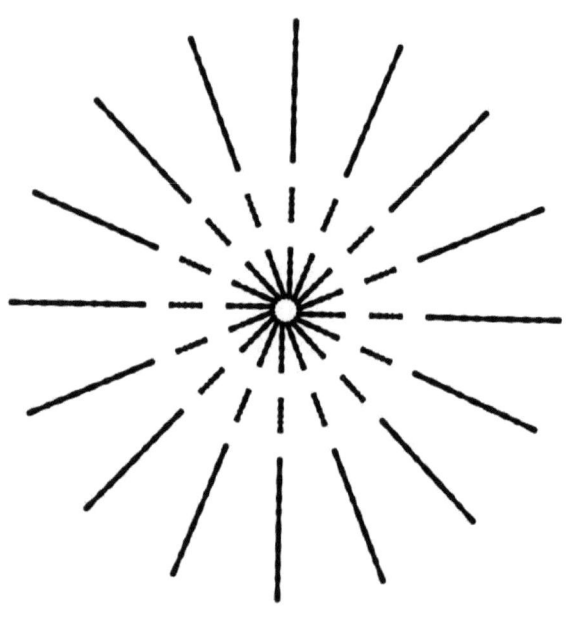

Zeit

Es ist an der Zeit
wieder zu atmen
wieder zu lachen
wieder
beginnen
der Fluss der Zeit
fließt weiter
mit mir
und
ich lasse
mich treiben
im zarten Strom
in vorsichtigen Bewegungen
mich zu fühlen
fühlt sich
gut an

Erwachen

Da hat mich doch
der Sonnenstrahl
geweckt
ganz zart
wärmt
er mein Gesicht
nur spüren
genießen
verweilen
Leichtigkeit
breitet sich aus
ich warte

Frei

Ich habe losgelassen
heute Nacht
und fiel
in tiefen Schlaf
losgelassen
all die Fragen
deren Antworten
ich doch
tief in mir weiß
losgelassen
um wieder träumen
zu können
und sah Bilder
ohne dich

Bergauf

Die Schritte sind mühsam
und
es geht noch bergauf
mal muss ich ausruhen
mal muss ich zwei Schritte zurück
doch es geht voran
ich bekomme
mehr Luft
kann wieder atmen
die Aussicht wird schöner
oben ist halt oben
gern hätte ich dich bei mir
neben mir
aber
du bist auf anderen Wegen
ich konnte nicht mit
falsche Richtung

Schatten

Würde die Sonne
nicht schon so tief stehen
ich
würde über meinen Schatten
springen

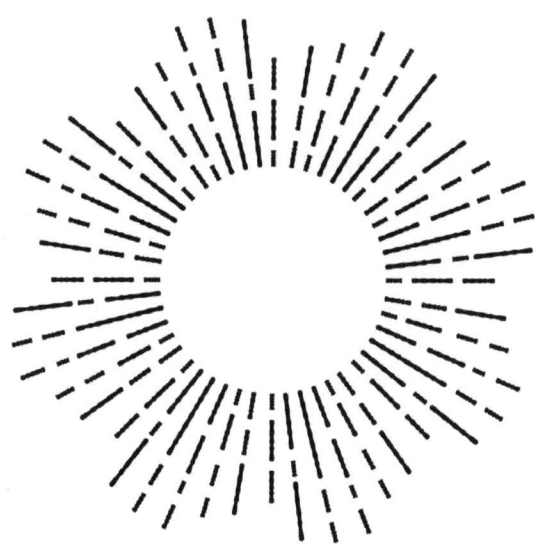

Verlaufen

Gegangen bin ich
vorübergehend
mit dir
auf gleichen Wegen
verlaufen
habe ich mich
allein

Ziele

DU
hättest es sein sollen
sagte mein Herz
so deutlich
aufgrund ehrlich
mein tiefstes Gefühl
WIR
hatten unterschiedliche
Ziele
es schmerzt

Danke

Ich weiß
du würdest mich
auch heute
noch retten
vor jeder Gefahr
ganz einfach
weil du bist
der du bist
wertvoll
in deiner Art
ich kann dich nicht mehr bitten
rette du dich

Zeit

Gelegentlich
weiß ich nicht
ob
das Loslassen
vielleicht doch
ein Festhalten
ist
an meinen Erinnerungen
an gelebten Zeiten
die mich
vorwärts treiben
ein altes Glück
erneut zu fühlen

Gedankenflut

So viele Seiten
eng beschrieben
als gäbe es morgen
kein Papier mehr
Gedankenflut
unendlich gemacht
schwarz auf weiß
Worte
aus dem Kopf verbannt
doch im Herzen verblieben
schmerzvoll
mitunter

Sommer

Blätterrauschen
vertreibt die gesagten Worte
leichtes Frösteln
auf der Haut
zartes Fühlen des Windes
Loslassen
der Gedanken
Festhalten
des Gefühls
Sommer in der Luft

Neubeginn

Wieder
neu beginnen
auf den Spuren
die verwehen
hinter mir
Fragen
unnötig
lassen wir die Geheimnisse
wo sie sein sollen
hinter uns

Schmerz

Gefühlt
bis in alleTiefen
geliebt
bis zum Ende
bis der Schmerz nicht mehr fühlbar war
nun fühle es sich
leer an
weiß noch nicht
wie es sein wird
ohne dich

Er schläft

Du schläfst
so viel
so tief
so unerreichbar
bist in deinen Träumen
gehst fort
dorthin
wo du allein sein kannst
mit deinen Wunden
fernab
der Sorgen
weit weg
von mir

Wunderpunkt

Nun bist du
mein wunder Punkt
als
Wunderpunkt
war es schöner mit dir

Ich war da

Ich sitze unter deinem Baum
höre die Geräusche
das Rauschen der Blätter
fühle
wie du dich vielleicht fühlst
wenn du hier
verweilst
versuche
es zu spüren
werde es mitnehmen
das Gefühl
bei dir
gewesen zu sein

Traumlos

Ich hab dich
gar nicht
gelassen
nur die Träume
die ich
von uns
hatte

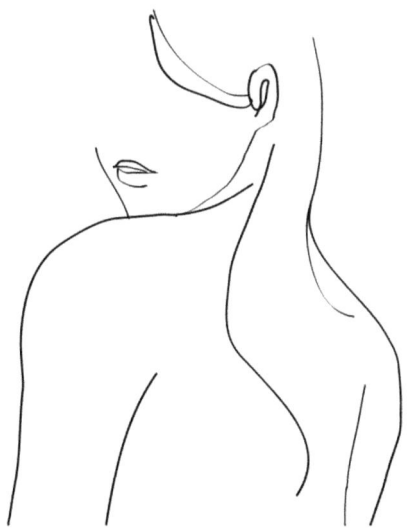

Trotz alledem

Es tut trotz allem
noch immer
sehr weh
in aller Tiefe
wenn die schönen
Erinnerungen
wiederkehren
und
ich ich mich zwinge
die Träume
zu vergessen
die wir hatten
für die Zeit
die nun
ohne uns vergeht

Deine Arme

Gefangen war ich
in deinen Armen
die so fest mich hielten
als könne uns
nichts trennen
dann hast du
einfach losgelassen
und ich fiel

Atemlos

Ich atme ein
und
ich atme aus
ich atme
deinen Duft
ich atme dich
bis ich atemlos
durchatme

Augenblick

Wiedersehen möchte ich Dich
noch einmal
wie beim ersten Mal
unvoreingenommen
nackt und offen
mich verlieren
in deinem Blick
dem Augenblick
den es nur ein Mal gibt

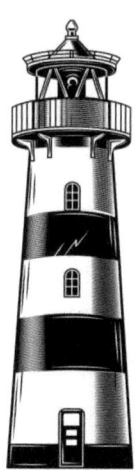

Winter

Melancholie
zwischen
funkelnden Lichtern
und wärmenden Gedanken
in mir
in dir
nur einen Winter lang
hielten uns unsere Gedanken
so warm
so weich
so wohl
am Leben
nun ist es Sommer
und mein Herz fröstelt
in der Hitze
der warmen Sommernacht
allein
mit mir
warte ich auf die kalte Zeit
vielleicht reicht die Erinnerung
mich wieder zu wärmen

Licht aus

Als du gingst
löschte sich das Licht
wie von allein
oder
habe ich die Kerze ausgepustet
ich weiß es nicht mehr
bewege mich
in Dunkelheit
unsicher noch
warte

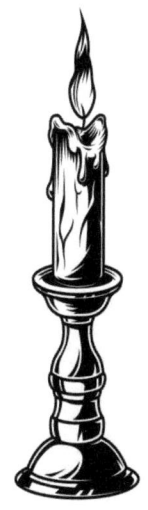

Verloren

Lichterglanz
der großen Stadt
umringt mich
erdrückt meine Sinne
ich schwimme mit der Flut
der Menschen
allein mit mir
alles zu laut
alles zu bunt
meine Seele ist ergraut
über Nacht
als der Zug
dich mit sich nahm
und mein Herz gefror
alle Wärme
aus meinem Körper floh
mit dir
mir ist kalt

Zeitlos

Wo ist dein Lachen geblieben
die unbeschwerten Momente
das ewige Glück
so selbstverständlich
endlos
unsere Hände ineinander
verwachsen
ich spüre noch
deine warme Haut
und bin noch nicht bereit

Glück

Schwerelos
liege ich in deinen Armen
genieße den Augenblick
falle in den tiefsten Schlaf
geborgen
weiß dich bei mir
wunschlos
glücklich

Zeitlos

Dieses alberne Herz
macht was es will
und
spielt völlig verrückt
in deiner Nähe
herzvoll und kopflos
wandle ich durch die Zeit
hoffnungsvoll zeitlos
mit dir

Der Weg

Unermüdlich
drehen wir unsere Runden
immer verbunden
in unseren Träumen
in unseren Gedanken
gelegentlich verloren
in der viel zu schnellen Zeit
am Ende beginnt der Anfang
und ich wähle wieder
deinen Weg

Du hattest mich

Du hattest mich
in allen Lebenslagen
du hattest mich
in deinen Armen fest
du hattest mich
bis ich mich selbst verlor
in deinen Worten
und dann
hattest du genug

Poesie des Herzens

Wenn
die kleine Poesie des Herzens
dich berührt
werden die großen Worte
plötzlich unbedeutend
kleines Lächeln
zarter Seufzer
liebevoller Blick
mehr braucht es nicht
für etwas Herzenswärme

Ruhelos

Deine Worte streifen
meine Sinne
gehen unter meine Haut
begleiten mich
in meine Träume
in eine ruhelose Nacht

Gegangen

Letztes Gefühl
im Herzen
dein Bild
vor mir
dein Lächeln
beim Abschied
auf der Haut
deine Berührung
noch fühlend
deinen Kuss
noch spürend
und wissend
letztes Mal

Das Lächeln

Da war das kleine Lächeln
in deinen Augen
offen und ehrlich
streifte es mich
im Vorübergehen
ich drehte mich
nicht um
nahm den Moment
mit auf den Weg
schöner Gedanke

Regentage

Hand in Hand
mit dir durchs Leben gehen
jeden Atemzug
in deinem Arm genießen
gemeinsam
Zweisamkeit
Wolkenbrüchen lachend trotzen
das war der Traum
greifbar nah
jeder Regen erinnert mich an uns
ich lächle
und lasse die Tropfen auf mich regnen
muss die Tränen nicht verstecken

Leere

Ich sehe dich
in meinen dunklen Räumen
überall
deine Bilder
die in keinen Rahmen stehen
in leeren Zimmern
höre ich dich
deine Lieder singen
fühle dich
auf meinen Kissen
neben mir
doch nur das blanke Laken
gibt mir noch
ein wenig Wärme
ich hab dich aus meinen
Schränken verbannt
es sind nur Gegenstände
austauschbar
Wechselrahmen
Momentaufnahmen
und sehne mich
nach den vergangenen Zeiten

Gedanken

Ich möchte dein Gedanke sein
am Morgen
wenn du erwachst
du dich in Wärme
verschlafen
räkelst
dein Gedanke
wenn dir die Wasserstrahlen
über dein Gesicht laufen
während dein Körper
sich auf den Tag vorbereitet
wenn du all die kleinen Dinge
erblickst
möchte ich in deinem Kopf sein
und wünsche mir
du lässt mich teilhaben
in Gedanken
an allem was du fühlst
du bist nicht da
und fehlst
in Gedanken

Bewegungslos

Wieder so ein Tag
gedankenschwer
ohne Antrieb
sinnlos
verschenkte Zeit
doch
fällt das Aufstehen
schwer
auch wenn der Kopf
es weiß
ist mein Herz
nicht bereit

Tanz mit mir

Ich tanze mich
durch
alle Regentage
mit
der Sonne in meinem Herzen
weil es dich
in meinem Leben gibt

Verschlossen

Ich halte dich
in meinem Herzen
fest
verschlossen
in aller Tiefe
dort
wirst du bleiben
dort
kann ich mit dir allein sein
dort
wo wir nicht mehr
kämpfen

Meine Noten

Die Melodie
meines Herzens
hast du leider
nicht verstanden
unsere Lieder
haben andere Noten
der Gleichklang
fehlt
auch wenn der
Schlüssel
vorübergehend passte

designed by freepik.com

Epilog

Am Feldrand
ausruhen
den Duft des Weizenfeldes
einatmen
ausatmen
mit dem Lächeln
völliger Zufriedenheit
wie einfach kann es sein
fernab der Sorgen